Bibliografische Information der Deutschen Nationalbibliothek:

Die Deutsche Bibliothek verzeichnet diese Publikation in der Deutschen National-
bibliografie; detaillierte bibliografische Daten sind im Internet über http://dnb.d-
nb.de/ abrufbar.

Impressum:

Copyright © 2020 GRIN Verlag
Druck und Bindung: Books on Demand GmbH, Norderstedt Germany
ISBN: 9783346242167

Dieses Buch bei GRIN:

https://www.grin.com/document/925176

S. Wagner

Der sino-amerikanische Handelskonflikt. Analyse und Bewertung von Milanovićs "The clash of capitalisms"

Kampf zweier Kapitalismusformen?

GRIN Verlag

GRIN - Your knowledge has value

Der GRIN Verlag publiziert seit 1998 wissenschaftliche Arbeiten von Studenten, Hochschullehrern und anderen Akademikern als eBook und gedrucktes Buch. Die Verlagswebsite www.grin.com ist die ideale Plattform zur Veröffentlichung von Hausarbeiten, Abschlussarbeiten, wissenschaftlichen Aufsätzen, Dissertationen und Fachbüchern.

Besuchen Sie uns im Internet:

http://www.grin.com/

http://www.facebook.com/grincom

http://www.twitter.com/grin_com

Fakultät für Soziologie

Veranstaltung: Außenpolitik in Zeiten weltpolitischen Wandels

Wintersemester 2019 / 2020

Der sino-amerikanische Handelskonflikt

Kampf zweier Kapitalismusformen?

Analyse von Branko Milanović's „Clash of Capitalism"

Name: S. Wagner

Studiengänge: BA Politikwissenschaften 5. Fachsemester u. BA Soziologie 3. Fachsemester

Wörter: 4063

Inhaltsverzeichnis

1. Einleitung   3

2. Hauptteil   4

     2.1. Milanovic's Theorie des „Clash of Capitalism"   4

     2.2. Der sino-amerikanische Systemkonflikt   5

     2.3. Die Zukunft des Kapitalismus   10

3. Schluss   13

4. Literaturverzeichnis   14

1. Einleitung

Protektionismus, Strafzölle, Warenembargos, Marktmanipulationen - der Handelskonflikt zwischen der Volksrepublik China und den USA währt seit über zwei Jahren und belastet zunehmend die Weltwirtschaft. Zitiert man den amerikanischen Präsidenten Donald Trump und seinen Tweet vom 02.03.2018: „When a country (USA) is losing many billions of dollars on trade with virtually every country it does business with, **trade wars are good, and easy to win**. Example, when we are down \$100 billion with a certain country and they get cute, don't trade anymore - we win big. It's easy!" (2018: o.S.), hätte man mit einer schnellen und für die USA positiven Beendigung des Konflikts rechnen können. Doch ist dieser Fall nicht eingetreten. Mittlerweile scheint die wirtschaftliche Schwächung Chinas nicht mehr der einzige Konfliktgrund zu sein. China bedroht zunehmend die Interessen Amerikas im asiatischen Raum und kritisiert die globale Vormachtstellung der USA, welche sich bereits in der Nachkriegsordnung etablierte. Zurecht denkt man im Hinblick auf das Machtkonkurrenznarrativ unweigerlich an den Kalten Krieg. Doch ist dieses Szenario lediglich eine Illusion. Der kapitalistische Westen hat überdauert, während die kommunistische Sowjetunion und ihre Satellitenstaaten zusammengebrochen sind. Der neue Konflikt entsteht in einem durch die Globalisierung, international vernetzten System, vor allem Wirtschaftssystem, in dem die USA und China gleichermaßen eingebunden sind (Rudolf 2019: 13f.). Der serbisch-US-amerikanische Ökonom Branko Milanović betitelt diesen neuen Konflikt als „Clash of Capitalism", als Kampf innerhalb des Kapitalismus zwischen den beiden unterschiedlichen Modellen demokratisch-liberal und politisch-autoritär (2020: S.12). Ziel der Hausarbeit ist eine kritische Auseinandersetzung mit Milanović's Aufsatz und die Anwendung seiner Theorien auf den 2018 begonnenen sino-amerikanischen Handelskonflikt. Am sinnvollsten lassen sich dazu folgende Leitfragen an Milanović's Aufsatz diskutieren: Lässt sich tatsächlich von einem Kampf zweier Varianten des Kapitalismus sprechen oder handelt es sich letztlich eher um einen Vorherrschaftskonflikt zweier Großmächte? Inwiefern wird die Entwicklung der beiden Modelle Einfluss auf die Zukunft des Kapitalismus haben?

Zur Beantwortung der beiden Leitfragen, werde ich inhaltlich zunächst in den Aufsatz von Milanović einführen und seine Theorie zum Systemkonflikt erläutern. Im zweiten Schritt werde ich die Theorie in die Thematik des sino-amerikanischen Handelskonflikts einbinden und diese prüfen. Dazu werde ich verschiedene wirtschaftswissenschaftlichen Theorien, wie die von Ali Wyne und Hanns Günther Hilpert anführen, um so ein divergierendes Bild zu erschaffen, dass sich kritisch mit Milanović's Ansatz auseinander setzt. Der dritte Teil der

Hausarbeit widmet sich der Zukunft des Kapitalismus. Hier werde ich die Problemfelder, die Milanović für die Zukunft der kapitalistischen Modelle aufzeichnet, genauer untersuchen und mit meiner eigenen Meinung kontrastieren. Im Fazit folgt eine Zusammenfassung der Ergebnisse und abschließende Beantwortung der Leitfragen.

2. Hauptteil

2.1 Milanović's Theorie des „Clash of Capitalism"

Viele Thesen, Überlegungen und Ideen finden sich in der Forschungsliteratur zum sino-amerikanischen Handelskonflikt, doch ist der Aufsatz Milanović's in einer Hinsicht besonders. Er wagt den Schritt, den Konflikt in ein neues Spektrum einzuordnen. Im Mittelpunkt steht nicht konkret der Handelskonflikt oder das Handeln der Beteiligten, sondern der Kapitalismus und seine Zukunft. Der Kapitalismus unterteilt sich in zwei miteinander konkurrierende Systeme. Der demokratische, liberale Kapitalismus ist vorherrschend in Nordamerika und Westeuropa, aber auch im asiatischen Raum, in Indien, Indonesien und Japan vertreten. Diesem Modell gegenüber steht der autoritäre Kapitalismus, adaptiert von China, Russland, Singapur und einigen Staaten Afrikas (Milanović 2020: S.10f.). Die Globalisierung führte im Laufe des 20. Jahrhunderts dazu, dass sich die einzelnen Marktwirtschaften verbanden und ein Weltwirtschaftssystem entstand, von dem viele Staaten profitierten. Die USA hatte sich nach dem Ende des zweiten Weltkrieges als Führungsnation herauskristallisiert und galt fortan als Bewahrer der Demokratie und der liberal-kapitalistischen Ordnung. Eine Ordnung, die sich durch freie Märkte, private Produktionssektoren und Partizipationsmöglichkeiten, also vornehmlich liberalen Grundsätzen, auszeichnet. Lange Zeit galt dieses, durch die USA dominiertes System, als profitabelste und durchsetzungsfähigste Ordnung, die mit Hilfe internationaler Organisationen wie dem IWF und der Weltbank global agierte. Doch haben sich im Laufe der Jahre systemische Probleme ergeben und vertieft. Nach Milanović ist eines davon die zunehmende Ungerechtigkeit der Verteilung und der Etablierung einer „durable upper class" (2020: S.14). Der freie Markt hat zwar dazu beigetragen, das Markteinkommen zu steigern, letztlich aber auch für eine größere Vermögensungleichheit gesorgt (Milanović 2020: S.14). Diese immer größer werdende Kluft zwischen Arm und Reich sieht Milanović als Gefahr für ein harmonisiertes globales System und langfristig auch problematisch für die Wirtschaftsform des liberalen Kapitalismus an sich. Das zweite Problem ist, dass die durch den Westen vorangetriebene Globalisierung innerhalb weniger Jahrzehnte zur ökonomischen Angleichung zwischen Westen und Osten geführt hat (Milanović 2020: S.13). Dieser Ausgleich

4

hat dazu geführt, dass das liberal-demokratische System sich erneut behaupten muss. Der chinesische Kapitalismus unterscheidet sich gerade im Punkt des freien Marktes vom liberal-demokratischen Modell. Hier greift der autoritäre Staat, sprich die politischen Eliten, gezielt in die Wirtschaft ein, um ein optimales und ständiges Wirtschaftswachstum zu generieren (Milanović 2020: S.17). Die Zahlen zeigen das dies in den vergangenen Jahrzehnten optimal funktioniert hat, doch zunehmend schwieriger wird. Gleiches sieht auch Milanović, der ausführt, dass die Legitimation der autoritären Regierung Chinas eng an die Notwendigkeit zusätzlichen Wirtschaftswachstums geknüpft ist (2020: S.16ff.). Seit der Weltwirtschaftskrise 2007 / 2008 und der sich anschließenden Rezension steckt das liberale Wirtschaftsmodell in der Krise. Der politische Kapitalismus wiederum verspricht eine effektivere Verwaltung der Wirtschaft und höheres Wirtschaftswachstum. Aufgrund der Tatsache, dass China in den letzten fünfzig Jahren eines der erfolgreichsten Länder auf wirtschaftlichem Gebiet war, legitimiert die Verbreitung des politischen Kapitalismus (Milanović 2020: S.18ff.). Aus diesem Grund hat China in den letzten Jahren politische Institutionen wie die Asian Infrastructure Investment Bank (AIIB) oder die Belt and Road Initiative (BRI) gegründet, um Staaten eine Alternative zu bieten, die sie nicht zur Einhaltung demokratischer Grundsätze zwingt und trotzdem Investitionen bereitstellt. Diese Institutionen, so Milanović, werden China eine Reihe von Einflussmöglichkeiten gewähren, die weit über die geopolitischen Sphären Asiens hinausreichen (2020: S.18). Es kommt zu einem unweigerlichen „Clash of Systems" (Milanović 2020: S.18), mit dem ich mich im nächsten Kapitel eingehender beschäftigen möchte.

2.2 Der sino-amerikanische Systemkonflikt

Das chinesische Modell unterscheidet sich in seiner Strategie zur Beeinflussung anderer Staaten deutlich von dem liberal - demokratischen Modell. Organisationen wie der IWF und die Weltbank versuchen, so Milanović, Veränderungen durch den Aufbau von Institutionen herbeizuführen und verlangen im Gegenzug für Investitionen die Einhaltung demokratischer Grundsätze, während China eher ökonomisch handelt (2020: S. 18f.). Chinas Investitionen fließen größtenteils in die Infrastruktur von Partnerländern und bauen im Gegenzug auf wirtschaftliche Teilhabe. Laut Milanović ist der Verbreitungsprozess des autoritären Modells durch die chinesische Regierung ein notwendiger Schritt, um so die Vorteile des politischen Kapitalismus zu betonen und den Glanz des westlichen Modells, vor allem die Vorzüge einer demokratischen Ordnung, in den Augen der chinesischen Bevölkerung zu unterdrücken (Milanović 2020: S.19f.). Die USA sieht die Verbreitung des autoritären Modelles als

Untergrabung der demokratischen Ordnung und somit als Angriff ihrer hegemonialen Stellung. Fragwürdig ist aber, ob mit der Verbreitung des chinesischen Wirtschaftssystems gleichzeitig die ideologische Verbreitung des autoritären Regierungssystems Chinas verknüpft ist. Diese Auffassung ist mit Vorsicht zu betrachten, da es schwer fällt zu sagen, welches der beiden Wirtschaftssysteme richtig oder falsch ist. Das liberale Modell beruht auf der Vormachtstellung Amerikas. Als vorherrschende Ordnung können es sich die westlichen Institutionen erlauben, ihre Investitionen mit bestimmten Forderungen, wie beispielsweise nach mehr demokratischen Grundsätzen in den betroffenen Ländern, zu verknüpfen. Wie Milanović richtig erkennt, ermöglicht Chinas sehr positiv bilanziertes Wirtschaftswachstum, den Export des eignen Systems (2020: S.18f.). Der strukturelle Unterschied, dass Chinas Kapitalismus größtenteils durch die Regierung gesteuert wird, während sich die Regierung im liberalen Modell weitgehend neutral verhält, ist hier die Besonderheit, welcher auch maßgeblich für die Interessenten des chinesischen Modelles wichtig ist. Ein ohnehin demokratischer Staat würde die Voraussetzungen für Investitionen des IWF und der Weltbank erfüllen, bräuchte also nicht auf das chinesische Angebot eingehen. Damit verbunden ist gleichzeitig ein Zwang, dass alle nicht-demokratischen Ordnungen, die Entwicklungshilfe benötigen, sich demokratisieren müssen. Ein gewagtes Unterfangen für die USA, die ihrerseits den Chinesen vorwerfen, ein autoritäres System zu verbreiten. Ob diese ideologische Dimension des Konflikt Wirklichkeit ist, ist fragwürdig. Jessica Chen Weiss und Hanns Günther Hilpert sind sich einig, dass es sich hierbei nicht um einen ideologischen Konflikt handelt. Wie Milanović bereits angedeutet hat (2020: S.18), ist der Zugewinn an wirtschaftlicher und politischer Bedeutung der Chinesen, als Wiederaufstieg aus einem Jahrhundert westlicher Unterdrückung durch Kolonialismus und Imperialismus zu verstehen (Hilpert und Wacker 2020: S.13). Die Chinesen haben aus dem Zerfall des sowjetischen Imperiums 1989 gelernt und ihre Rückschlüsse gezogen. In der Vergangenheit galt es also, unbedingt einen offenen Konflikt mit den USA, ökonomisch oder militärisch, zu vermeiden (Hilpert und Wacker 2020: S.13ff.). Das führte dazu, dass sich China von dem westlichen Ordnungssystem inspirieren ließ und internationaler Druck und wirtschaftliche Integration in der chinesischen Innen- und Außenpolitik Spuren hinterlassen haben (Weiß 2019). Ein Beispiel dafür wäre die Angleichung der AIIB an die internationale Praxis der multilateralen Entwicklungshilfe. Die repressive Wende Chinas und die anhaltende staatliche Dominanz über die Privatwirtschaft haben zwar den westlichen Optimismus hinsichtlich der Aussichten auf politische und wirtschaftliche Reformen im Reich der Mitte zunichte gemacht, aber der externe Einfluss existiert nach wie vor. Auf dem 19. Parteitag der Kommunistischen Partei Chinas (KPCh) erklärte der chinesische Staatspräsident Xi Jinping, dass China mit der BRI eine Alternative zum IWF und der Weltbank anbieten wolle, für Nationen, die ihre Entwicklung beschleunigen, aber gleichzeitig ihre Unabhängigkeit bewahren wollen. Eingrenzend fügte er hinzu, dass niemand gezwungen werde chinesische Praktiken zu übernehmen (Weiß 2019). Wie Peter Rudolf aussagt, beruht der wirtschaftliche Erfolg Chinas auf „[…] einem großen Binnenmarkt, Arbeitskräfte in Fülle, der Bereitschaft einer autoritären Regierung zu Experimenten und auf pragmatischer Improvisation." (Rudolf 2019: S.16). Die Handlungen und Vorgehensweisen Chinas ähneln, meiner Meinung nach nicht einen Kampf gegen die demokratische Ordnung. China daher als verhärteten, ideologischen Gegner zu betrachten ist strittig. Daher würde ich Milanović's Argument,zur Verbreitung des autoritären Kapitalismus an dieser Stelle relativieren.

Die Vorteile des politischen Kapitalismus liegen in der wirtschaftlichen Steuerung, die durch eine autoritäre Führung vorgenommen wird. Solange das Wirtschaftswachstum in dem Maße anhält, ist der Verzicht auf demokratische Rechte, (zumindest im Rückschluss) begründet. Die Betrachtung Chinas, als Diskursmacht, die Einfluss auf Werte und Normen nehmen könnte, die die internationale Ordnung untermauern, fällt schwer. Jedoch zeigen die Anstrengungen Chinas diese Lücke zu füllen und der militärische Konflikt im südchinesischen Meer, dass der Wunsch nach einem geopolitischen Raum, frei von westlichen Einflüssen und liberalen Ideen, besteht und China in Zukunft wahrscheinlich wesentlich dominanter auftreten wird (Rolland 2020).

Diese Entwicklung blieb auch in den USA nicht unbemerkt. Versuchte Obama die wirtschaftliche Eindämmung Chinas noch mit handelspolitischen Maßnahmen, wie etwa der Transpazifischen Partnerschaftsinitiative (TPP) und gemeinsam mit anderen westlichen Staaten zu forcieren, so setzt die Trump-Administration mit ihrer „America-First" – Mentalität auf wesentlich härtere Methoden. Ein Merkmal dieser ist der Bruch mit der außenpolitischen Tradition Nachkriegsamerikas, als Bewahrer einer demokratisch-liberalen Weltordnung und die primäre Verteidigung amerikanischer Interessen (Wyne 2020). Damit verknüpft sind zunächst der wirtschaftlich-technologische Konflikt mit China und gleichzeitig auch die Diskreditierung der Verbündeten sowohl im europäischen als auch asiatischen Raum. Endgültiges Ziel der Trump-Administration scheint wohl eine wirtschaftliche Entkoppelung Amerikas von China zu sein (Hilpert 2020: S.27ff.). Aktuell verhängte Sanktionen wie Zölle, Investitionskontrollen und Lieferembargos, dienen als wirkungsvolle handelspolitische Instrumente, um dieses Ziel zu erreichen. In China ist man davon überzeugt, dass die gegenwärtigen Anpassungen der USA nicht den persönlichen Willen Trumps darstellen, sondern es sich bei dieser Vorgehensweise um eine langfristige, strategisch geplante

Entscheidung der gesamten amerikanischen Führung handelt, deren Ziel es ist, dass aufstrebende China einzudämmen und die amerikanische Vorherrschaft zu erhalten (Gang 2019). Maßgeblich verantwortlich für diesen außenpolitischen Wandel der USA ist vermutlich die Angst vor Machtverlust. Gründe dafür sind zunächst die gescheiterten Interventionen im Nahen Osten, die globale Finanzkrise 2008, die vor allem Amerikas Ruf als umsichtiger Verwalter der Weltwirtschaft beschädigte, aber auch die Aushöhlung des Washington-Konsensus selbst, der mittlerweile selbst in den USA heftig umstritten ist. Diese Theorie gilt es allerdings zu revidieren. Zwar wird ein Machtwechsel durch die wirtschaftliche und technologische Vormachtstellung Chinas zunehmend wahrscheinlicher, doch scheinen die Chinesen nicht daran interessiert, die USA in ihrer Rolle als Weltpolizei und Führungsnation zu ersetzen. China hat „no interest in establishing a web of global alliances, sustaining a far-flung global military presence, sending troops thousands of miles from its borders, leading international institutions that would constrain its own behavior, or spreading ist system of gevernment abroad." (Mastro 2019: S.31). Zweitens befinden sich die USA zwar in einem relativen Niedergang, verfügen aber weithin über erhebliche militärische und ökonomische Stärke (Wyne 2020). Dem amerikanischen liberal-demokratischen System bietet sich hier die Möglichkeit zur Selbsterneuerung. Doch anstatt sich mit seinen Verbündeten abzustimmen, die Investitionen in wissenschaftliche und technologische Forschung zu erhöhen, für mehr Vertrauen in den IWF, die Weltbank und andere internationale Organisationen zu sorgen oder wieder mehr Vertrauen für eine demokratische Ordnung zu gewinnen, zieht sich die USA zunehmend aus ihrer Rolle als Führungsnation zurück. Diese Unsicherheit im Verhalten der USA hat unter den Verbündeten zu einem erheblichen Vertrauensverlust geführt. Anders als bei Milanović dargestellt, hat dieser Verlust gleichzeitig auch zu Uneinigkeiten im liberal-demokratischen System geführt. Längst unterhalten liberal-demokratische Staaten intensive Handelsbeziehungen mit China und beobachtet das Verhalten der USA als zunehmend kritisch. Das Vorgehen der Trump-Administration im Sinne der „America-First" – Policy hat auch dazu geführt, dass wirtschaftliche Sanktionen gegen Partnerländer wie etwa Deutschland, Frankreich und Großbritannien, verhängt wurden (Friedberg und Boustany 2020: S.35ff.). Im sicherheitspolitischen Bereich hat Trump zudem mehrfach damit gedroht, die USA aus der North Atlantic Treaty Organization (NATO) herauszuziehen (Wyne 2020). Zudem hat die USA damit gedroht, die nachrichtendienstliche Zusammenarbeit mit US-Verbündeten einschränken, die chinesische Technologien, insbesondere den Ausbau des Netzbetriebes durch den chinesischen Technikgiganten Huawei, unterstützen (Wyne 2020). Grund für die schlechte Stimmung sind zweifelsohne die wachsende Größe und die globalen Auswirkungen des chinesischen Kapitalismus, der mittlerweile allgegenwärtig in der Weltwirtschaft vertreten ist. Laut McNally spiegelt daher der Stimmungswandel im Westen, genauer in der USA, eine bis zu einem gewissen Grad realistische Einschätzung der potenziellen Zukunft Chinas wider. China hat erkannt, dass die langjährigen Versuche, den Staat in die Rolle des „responsible Stakeholders" zu drücken, in erster Linie den hegemonialen Ansprüchen Amerikas zugutegekommen wären (Hilpert und Wacker 2020: S.14ff.). Die chinesische Führung hat nie erwartet, dass „[…] die USA der Volksrepublik in diesem System ein Mitsprache- und Mitgestaltungsrecht zubilligen werden, das dem wirtschaftlichen und politischen Gewicht des Landes angemessen wäre." (Hilpert und Wacker 2020: S.14). Doch bietet sich eben diese Möglichkeit nun doch. Der zunehmende Druck der USA könnte dazu führen, dass sich China noch schneller weiterentwickelt und zu einem noch stärkeren Konkurrenten, vor allem bei den Technologien, die zukünftig den Markt bestimmen werden, wird. Zwischen 1996 und 2016 machten die Vereinigten Staaten noch 31 Prozent der chinesischen Technologieimporte aus (Wyne 2020). Nun sehen die Chinesen ihre Möglichkeit in der Herstellung kritischer Technologien autonomer zu werden. Zudem bieten sich Ihnen, aufgrund des Rückzuges der USA aus den internationalen Organisationen, die Möglichkeit für China ihren Sitz zu festigen und gleichzeitig ihre internationale Institution und Organisationen voranzutreiben. Während sich Chinas Wirtschaft weiterentwickelt, wird der Westen, insbesondere Amerika, lernen müssen, mit dem Modell des politisch-autoritären Kapitalismus umzugehen. Als Beweis für einen Umsturz ist dies jedoch nicht aufzufassen. Gehen wir nochmal zurück zu einer Überlegung, die Milanović am Anfang seines Aufsatzes gemacht hat. Dem Triumph eines Systems folgt oft ein interner Systemkonflikt (Milanovic 2020: S.10). Grundsätzlich ein guter Mechanismus, der dazu beiträgt, dass sich ein System stets weiterentwickelt und optimiert, auch wenn es dabei notwendig ist, das Gegenstück zu verdrängen. In der Theorie klingt das unproblematisch, doch in der Praxis ist es weitaus komplizierter, bedenkt man die betroffenen Dimensionen. Im Kalten Krieg, als voneinander abgeschottete Wirtschaftsblöcke um die technologische, ökonomische und militärische Vormachtstellung rangen, war absehbar, dass der Sieger relativ unbeschadet aus dem Konkurrenzkampf hervorgehen würde. Anders ist es im Handelsstreit. Die Verschmelzung nationaler Marktwirtschaften zu einer Weltwirtschaft hat dazu beigetragen, dass die Schwächung des Gegners unweigerlich zurückprallt und man selbst Schaden nehmen würde (Braml 2016: S.25ff.). Der US-amerikanische Ökonom Bergsten schätzt die wahrscheinlichste systemische Entwicklung im Handelskonflikt moderat ein. Obwohl eine Welt ohne effektive nationale Führung oder eine von China geführtes System durchaus denkbar wären, erscheint eine sino-amerikanische Zusammenarbeit und strukturelle

Aufarbeitung am plausibelsten (2018: S.4f.). Auch Christopher McNally betont, dass es sich bei China keineswegs um eine revisionistische Macht handle, die versuchen würde, die gegenwärtige Ordnung zu stürzen (2019: S.1). Die chinesische Wirtschaft ist auf eine stabile Weltwirtschaft mit gleichen, universalen Normen ähnlich angewiesen wie die amerikanische.

Am Beispiel des Handelskonflikts wird deutlich, dass es sich zwar eingeschränkt um den Konflikt zweier kapitalistischer Modelle handelt, die einzelnen Mitglieder der beiden Parteien allerdings nicht einheitlich handeln, wie die Ausführungen zur Politik der Trump-Administration verdeutlichen. Die Hypothese, dass hinter dem Clash of Capitalism sich bislang nur ein Konflikt zweier Großmächte verbirgt, bestätigt sich hingegen. Fest steht, dass für die chinesische Führung, in diesem Konflikt, wesentlich mehr auf dem Spiel steht, wie Milanovic richtig erkennt. China muss nämlich „[…] um die Überlebensfähigkeit und Existenz des eigenen Systems und um die Macht der Partei, die nach eigenem Dafürhalten als Einzige in der Lage ist, Chaos, Separatismus und Niedergang abzuwenden." (Hilpert 2020. S.37) fürchten. Die USA hingegen nur um die Vormachtstellung im globalen System und den damit verbundenen Einfluss. Ob diese Szenarien tatsächlich eintreten werden, wird sich im Laufe der nächsten Jahrzehnte zeigen. Die Theorie, dass China die USA verdrängen möchte halte ich allerdings für abwegig.

2.3 Die Zukunft des Kapitalismus

Neben dem, im vorangegangenen Kapitel erläuterten, Systemkonflikt, widmet Milanovic sich im Schlussteil seines Aufsatzes der Zukunft beider kapitalistischer Modelle und den Herausforderungen und Problemen derselben.

Der politisch autoritäre Kapitalismus erscheint, in seiner Argumentation, das deutlich schwerere Los getroffen zu haben (Milanović 2020: S.19ff.). Vielleicht überrascht diese Feststellung nach dem Lesen des vorausgehenden Kapitels. Doch hat der politische Kapitalismus einen erheblichen Schwachpunkt. Die Legitimation der politischen Führung muss durch deren erfolgreiches Handeln erfolgen. Das ist allerdings nicht nur ein Schwachpunkt dieses kapitalistischen Modells, sondern letztlich von jedem autoritären System. Ist dies nicht gegeben, ist es sehr wahrscheinlich, dass der Staat zusammenbricht. In einem demokratischen Staat ist dieses Szenario nahezu undenkbar, da die Beteiligung aller diese Option ausschließt. Milanović sieht in dem erfolgreichen Handeln die Gewährleistung für immer höhere Wachstumsraten (2020: S.19f.). Die Aussicht auf ein höheres Einkommen, würde die

Menschen dazu bewegen, ihre Freiheiten einzutauschen. Die Frage, aber die sich wahrscheinlich auch John Rawls stellte ist wie hoch dieses Einkommen sein muss, um auf Grundfreiheiten zu verzichten? Diese Frage stellt sich auch Milanović, in seinen Überlegungen zur Demokratisierung Chinas durch die Mittelklasse (2020: S.20f.). Dieser Ansatz erscheint aber utopisch, wenn man die letzten hundert Jahre chinesische Geschichte bedenkt. Die Schwäche, die ständige Gewährleistung von Wirtschaftswachstum, kann, laut Milanović, allerdings auch als Stärke ausgelegt werden. Dieser Zwang nach Wirtschaftswachstum kann dazu führen, dass sich das Wirtschaftssystem besser entwickelt und langfristig dem liberalen Überlegen sein wird (2020. S.19ff.). Ich tendiere allerdings zur Theorie des US-amerikanischen Politikwissenschaftlers Ian Bremmer, dass sich die Zukunft des staatskapitalistischen Modells wahrscheinlich als begrenzt erweisen wird. Maßgeblich dafür verantwortlich sind die ökologischen und sozialen Herausforderungen, die sich bereits jetzt in China abzeichnen, was beispielsweise die Proteste in Hongkong nach mehr Demokratie, die hohe Korruptionsrate, der Rückgang des Wachstums, die ansteigende Verschuldung und die zunehmende Belastung des öffentlichen Renten- und Gesundheitssystems belegen (Bremmer 2009: S.55f.). Aktuell jedoch bereitet der autoritäre Kapitalismus Schwierigkeiten, da er sich optisch als das bessere Modell für Wirtschaftswachstum positioniert und die Krise, in der sich das liberale Modell befindet, für seinen Vorteil nutzen kann. Das liberale System des Westens leidet unter der Problematik der zunehmenden Ungleichheit (Milanović 2020: S. 21.) und dem schlechten öffentlichen Verständnis des Wirtschaftsliberalismus (Gilpin / R. und Gilpin / J. 2000: S. 15ff.). Argumente von Ökonomen, dass offene, liberale Märkte vorteilhaft sind und protektionistische Maßnahmen sehr kostspielig sein können, werden oftmals von Missverständnissen und eigennützigen Forderungen nach Schutz vor billigen Importen und unfairen Handelspartnern überlagert (Gilpin / R. und Gilpin / J. 2000: S. 15ff.). Milanović's Theorie läuft darauf hinaus, dass sich der liberale Kapitalismus zu einem System weiterentwickelt, dass er als „Volkskapital" bezeichnet und in dem das Einkommen gleichmäßig verteilt wird (2020: S.21f.). Falls dieses Szenario nicht eintritt, befürchtet Milanović, dass sich die wirschaftlichen Eliten des Westens weiter isolieren und zunehmend ihr politisches Gegenstück unter Druck setzen. Diese „Plutokratie" würde dem chinesischen Modell ähneln und letztlich darauf hinauslaufen, dass einige wenige Reiche auf unbestimmte Zeit die Macht innehaben werden (Milanović 2020: S.21). Milanović fokussiert folglich zwei Problemfelder. Zunächst die statische Unterlegenheit des demokratisch-liberalen Systems gegenüber dem autoritären Kapitalismus und das Elitenproblem. Meiner Meinung nach ist diese scheinbare Unterlegenheit des westlichen Systems, eine Unterlegenheit, die nur darauf beruht, dass ein niedrigeres Wirtschaftswachstum verzeichnet wird, darauf zurückzuführen, dass die liberale Marktwirtschaft mit demokratischer Politik interagiert. Eine Vielzahl an öffentlichen Meinungen müssen berücksichtigt werden, die wiederum das Wirtschaftswachstum verlangsamen können. Dennoch sollte die Demokratie wirtschaftlichem Wachstum vorgezogen werden. Das zweite Problemfeld sehe ich ähnlich wie Milanović. Laut Galston ergibt sich diese Problematik aus dem Zusammenspiel von Globalisierung und technologischem Wandel, welches das Gleichgewicht zwischen Arbeit und Kapital grundlegend verschoben und dafür gesorgt hat, dass die Schere zwischen Arm und Reich immer weiter aufklafft (Galston 2014). Diese Entwicklung hat dazu beigetragen, dass die Menschen zunehmend das Vertrauen in dieses Modell des Kapitalismus verlieren (Fahnbulleh 2020). Im Jahr 2019 argumentierte Milanović in seinem Artikel „The crisis of capitalism is not the one Europeans think it is", dass die Krise nicht das kapitalistische Modell an sich betrifft, sondern die Auswirkungen von Globalisierung und Ausweitung des Kapitalismus auf die Märkte. Als Lösung schlug er vor, den Kapitalismus auf das Nötigste zu reduzieren (2019). William Galston führte diese Thematik bereits 2014 aus und forderte auf, die moderne Demokratie durch politische Reformen, die Stärkung der Mittelschicht und kollektiven Zusammenhalt zu erneuern (2014). Sowohl Milanović als auch Galstons Ansätze halte ich für wichtige Erkenntnisse. Das liberal-demokratische System muss diesen Weg der Reformation einschlagen, um weiterhin funktionstüchtig zu bleiben und sich gegen das autoritäre Modell zu behaupten.

Festesteht aber, dass keines der beiden Modelle in absehbarer Zukunft zusammenbrechen wird. Welches Modell aber die Zukunft des Kapitalismus dominieren wird, oder ob es überhaupt dazu kommt, bleibt fragwürdig. Zunächst ist eine Koexistenz der beiden Modelle vorauszusehen. Was es unbedingt zu verhindern gilt, ist die von Peter Rudolf skizzierte Gefahr der Deglobalisierung. Rudolf befürchtet, dass „[…] die Großmachtkonkurrenz zwischen den beiden Kontrahenten […] eine neue geoökonomische Weltordnung hervorbringen […]" (2020: S.10ff.) könnte, die zur Senkung des Integrationsniveaus und einer damit verbundenen Deglobalisierung führt. Damit würde die Gefahr der viel diskutierten Thukydides-Falle Wirklichkeit werden. Diese Entwicklung würde die gesamte Weltwirtschaft massiv belasten und gilt es somit unbedingt zu vermeiden.

3. Schluss

Abschließen geht es darum, die Fragestellung nochmals zu konkretisieren und zu beantworten. Milanović's Theorie des „Clash of Capitalism" ist für sich genommen richtig, hat bislang aber mehr den Charakter eines Konflikts zweier Großmächten. Der Systemkonflikt spiegelt sich im sino-amerikanischen Handelskonflikt wider. Das direkte, durch die Weltwirtschaft bedingte, Aufeinandertreffen der beiden Kapitalismusmodelle hat unweigerlich zu einem Wettstreit geführt. Chinas wirtschaftlicher Aufstieg in den letzten Jahrzehnten, das zunehmend selbstbewusstere Auftreten in den internationalen Organisationen und die Entwicklung der BRI und AIIB stellen eine Gefahr für den US-amerikanischen Führungsanspruch da. Chinas Einfluss und damit auch die Akzeptanz der KPCh wächst, während sich die USA zunehmend in einer Krise befindet. Die Überlegungen hinsichtlich einer Machtübernahme Chinas bestätigen sich jedoch nicht. Zu gering ist das chinesische Interesse im selben globalen Rahmen wie die USA zu agieren und zu klein die Wahrscheinlichkeit sich gegen das demokratisch-liberale System vollends durchzusetzen. Lieber das westliche System auf Abstand halten und die eigene Position im nahen geopolitischen Raum festigen. Die Repräsentanten des liberalen Kapitalismus hingegen sind zerstritten und beobachten misstrauisch das jeweilige Handeln des Gegenübers. Die Trump-Administration hat mit der „America - First"- Politik diesen Prozess noch verstärkt. Im Westen herrscht Unsicherheit, auch mit dem eigenen Wirtschaftssystem. Milanović's Theorie der „durable upper class" (2020: S.14) scheint sich zu bewahrheiten, während sich die Mittelschicht zunehmend vor Probleme gestellt sieht. Das demokratisch – liberale Modell benötigt Reformen. Ob diese letztlich im Sinne Milanović's erfolgen, spielt keine Rolle. Nötig sind sie aber. Doch steht das politisch – autoritäre System wirklich besser da? Chinas jüngste Entwicklungen haben gezeigt, dass es auch hier Grenzen des Wachstums gibt. Feststeht es sollte lieber gehandelt als abgewartet werden. Welches Modell sich langfristig als das Bessere erweisen wird, bleibt fragwürdig. Auch lässt sich nicht sagen, ob sich eines der beiden Modelle zum dominanteren entwickeln und das Andere vollständig verdrängen kann. Die Wahrscheinlichkeit, dass eine Zukunft existiert, in der es nur demokratische oder autoritäre Staaten gibt, halte ich für sehr unwahrscheinlich. Das System der Weltwirtschaft hingegen ist Realität und es gilt dieses zu bewahren, denn der internationale Austausch ermöglicht mehr Fortschritt, mehr Wachstum und bildet die Grundlage für eine gemeinsame friedliche Zukunft. Der Aufsatz Milanović's bietet eine gute Möglichkeit Probleme zu erkennen und diese Zukunft gewissenhaft zu gestalten.

4. Inhaltsverzeichnis

Bergsten, C. Fred (2018): *China and the United States: Trade Conflict and Systemic Competition*. Washington: Peterson Institute for International Economics

Boustany Jr., Charles W. / Friedberg, Aaron L. (2019): Partial Disengagement. A New U.S. Strategy for Economic Competition with China: in The National Bureau of Asian Research, NBR Special Report, No.82, S. 3-25

Braml, Josef (2016): *Die Geoökonomie der USA: Globales Wettrüsten gegen China*. Berlin: Berliner Wissenschafts-Verlag

Bremmer, Ian (2009): State Capitalism Comes of Age: The End of the Free Market: in Foreign Affairs, 88, No.1, S. 40-55

Chen Weiss, Jessica (2019): No, China and the U.S. aren't locked in an ideological battle. Not even close, in The Washington Post, Monkey Cage Analysis

Fahnbulleh, Miatta (2020): The Neoliberal Collapse, Markets Are Not the Answer: in Foreign Affairs, 99, No.1

Galston, William (2014): *The new challenge to market democracies: The political and social costs of economic stagnation*. Washington: Brookings Institution Press

Gang, An (2019): Time for China to Forge a New Strategy towards the US [online] https://www.chinausfocus.com/foreign-policy/time-for-china-to-forge-a-new-strategy-towards-the-us [05.04.2020]

Gilpin, Robert / Gilpin, Jean Millis (2000): *The Challenge of Global Capitalism. The World Economy in the 21st Century*. Princeton: Princeton University Press

Hilpert, Hanns Günther / Wacker, Gudrun (2020): Das chinesische Narrativ über die USA, in Lippert, Barbara / Perthes, Volker (2020): Strategische Rivalität zwischen USA und China, Worum es geht, was es für Europa (und andere) bedeutet, Berlin: SWP-Studie 2020/S 01, S. 1-57

Köllner, Patrick (2008): Autoritäre Regime - keine weltweit aussterbende Gattung, sondern eine wachsende Herausforderung: in GIGA Focus, No.6, S. 1-6

Kurlantzick, Joshua (2013): China's Model of Development and the „Beijing Consensus", [online] https://www.chinausfocus.com/finance-economy/chinas-model-of-development-and-the-beijing-consensus [03.04.2020]

Lippert, Barbara / Perthes, Volker (2020): Strategische Rivalität zwischen USA und China, Worum es geht, was es für Europa (und andere) bedeutet, Berlin: SWP-Studie 2020/S 01, S. 1-57

Mastro, Oriana Skylar (2019): The Stealth Superpower. How China Hid Ist Global Ambitions, in: Foreign Affairs, 98, No. 1, S.31

McNally, Christopher (2019): A Persisten Misunderstanding of China's Political Economy, [online] https://www.chinausfocus.com/finance-economy/a-persistent-misunderstanding-of-chinas-political-economy [03.04.2020]

Milanović, Branko (2020). The clash of capitalisms. The real fight for the global economy's future: in Foreign Affairs, 99, No.1, S. 10-21.

Milanović, Branko (2019): The ´crisis of capitalism´is not the one Europeans think it is [online] https://www.theguardian.com/commentisfree/2019/nov/27/crisis-of-capitalism-europeans-gig-economy [31.3.2020]

Rolland, Nadege (2020): China's Vision for a New World Order: in The National Bureau of Asian Research,NBR Special Report, No.83

Rudolf, Peter (2019): Der amerikanisch-chinesische Weltkonflikt. Berlin: SWP-Studie 2019/S 23 5-38

Wyne, Ali (2020): How to Think about Potentially Decoupling from China: in The Washington Quarterly, 43, No.1, S. 41-46

BEI GRIN MACHT SICH IHR WISSEN BEZAHLT

- Wir veröffentlichen Ihre Hausarbeit, Bachelor- und Masterarbeit

- Ihr eigenes eBook und Buch - weltweit in allen wichtigen Shops

- Verdienen Sie an jedem Verkauf

Jetzt bei www.GRIN.com hochladen und kostenlos publizieren